國學特訓班

聖人當老師，學習超有趣

同學！讀《莊子》

跟著流行瘋的邯鄲學步

繪時光——編繪

五南圖書出版公司 印行

莊子
生平大事記

約前 369 年

莊子名周，字子休。大約前369年出生於宋國蒙城（大概位於今天河南商丘一帶）。

約前 334 年

莊子在這一年與魏惠王見面，他穿著破舊的衣服和鞋子。魏王問他為什麼看起來十分疲憊，莊子回答他這是貧窮，並且說明貧窮對人的精神產生不同的影響。

約前 341 年

莊子的好朋友兼最佳辯論對手惠子在魏國得到魏王的重用，被提拔為國相。莊子前去看望他，卻被惠子猜忌，他認為莊子會威脅到自己的地位。莊子嘲笑惠子是個為了死老鼠而猜忌別人的貓頭鷹。

約前 339 年

楚威王派使者拜訪莊子，請莊子去楚國擔任楚國國相。但是莊子毫不猶豫地拒絕了。說他寧願過艱難貧苦的生活，也不願意去充滿危險的官場當官。

約前 328 年

有個宋人去拜見了宋王，得到了十車賞賜，向莊子炫耀。莊子用「頷（ㄏㄢˋ）下之珠」的故事譏笑他，認為人得到的越多，所處的危險也越大。

約前 286 年

莊子在這一年去世。

約前 325 年

宋人曹商出使秦國，秦王賞賜他一百輛車子。回來後曹商自鳴得意，嘲笑莊子住在陋巷，靠織草鞋度日，餓得面黃肌瘦。莊子則罵他給秦王「吮癰舐痔（ㄕㄨㄣˇ ㄩㄥ ㄕˋ ㄓˋ）」。

約前 312 年

莊子的妻子去世了，惠子前去弔唁（ㄧㄢˋ），發現莊子坐在地上，敲著盆唱歌，感到非常驚訝。莊子卻認為，人的生死像一年四季一樣，是自然現象。

約前 322 年

莊子和他的好朋友惠子在濠水邊遊玩，他們就「魚之樂」的問題進行了辯論。這時的惠子已經失去了魏國國相之位，但與莊子的關係反而變好了。

目錄

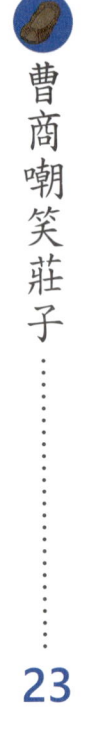

探驪得珠……29

曹商嘲笑莊子……23

莊子借糧……17

莊子思念惠子……9

莊子哭妻……1

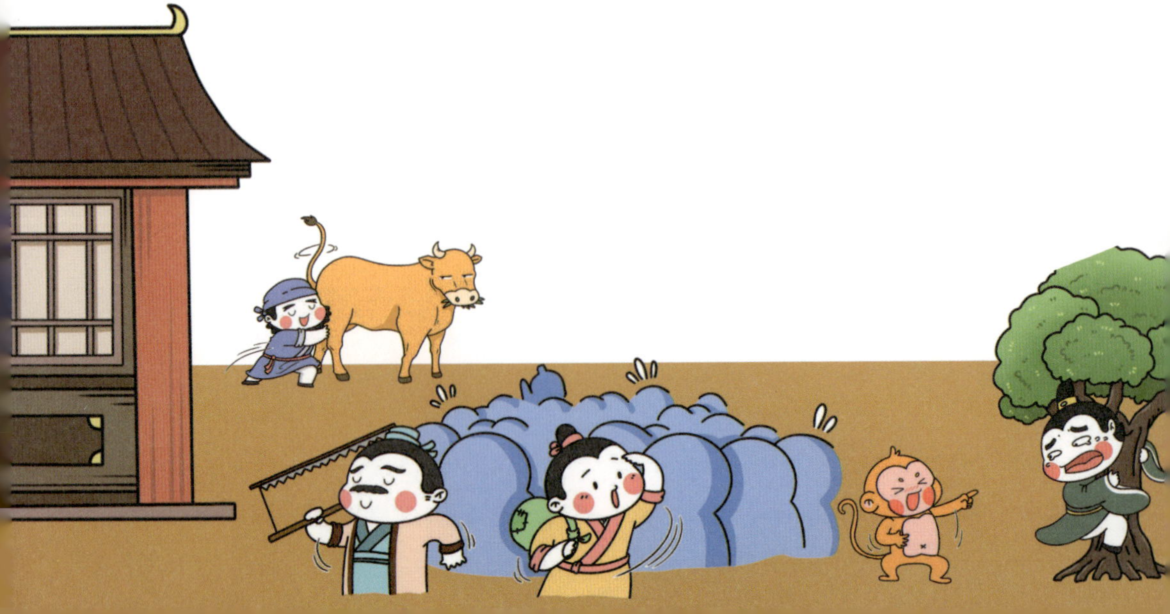

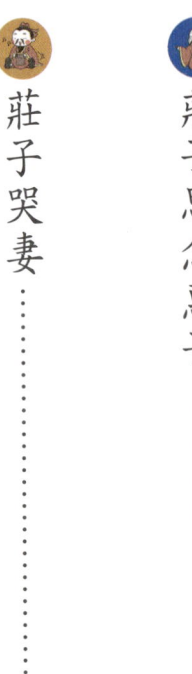

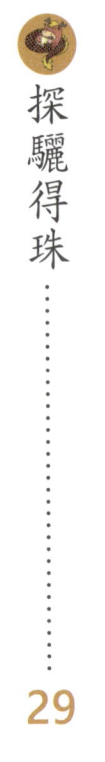

堯讓天下給許由……65
莊子說劍……55
邯鄲學步……49
井底之蛙……43
莊子穿補丁衣服……37

石木匠和大櫟樹……105
秦失哭老子……97
庖丁解牛……89
齧缺和王倪……81
靈魂出竅的南郭子綦……73

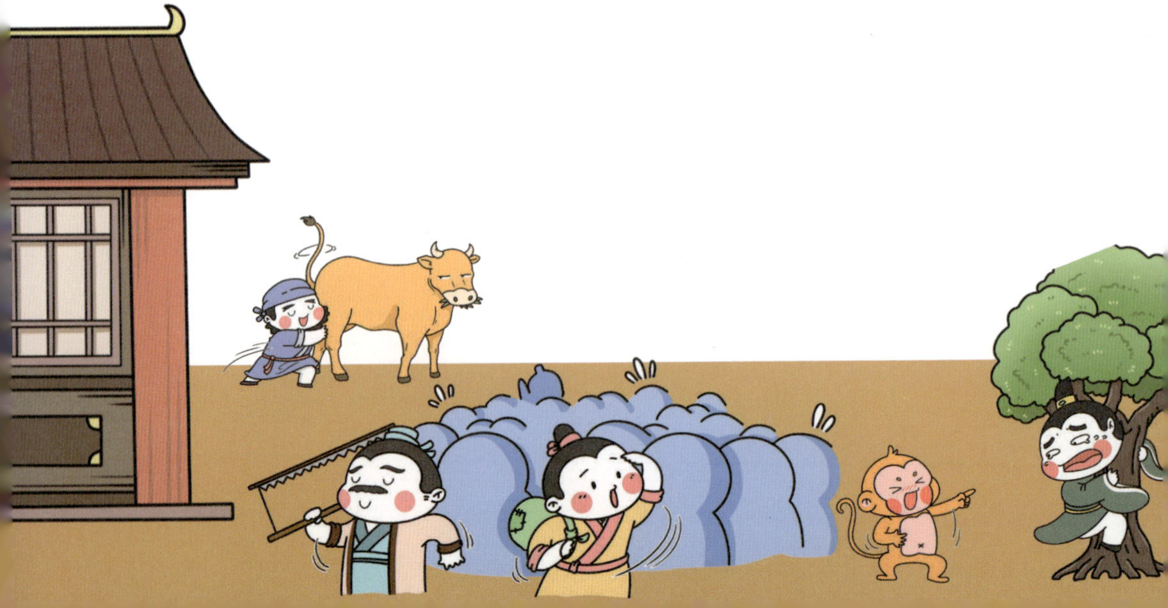

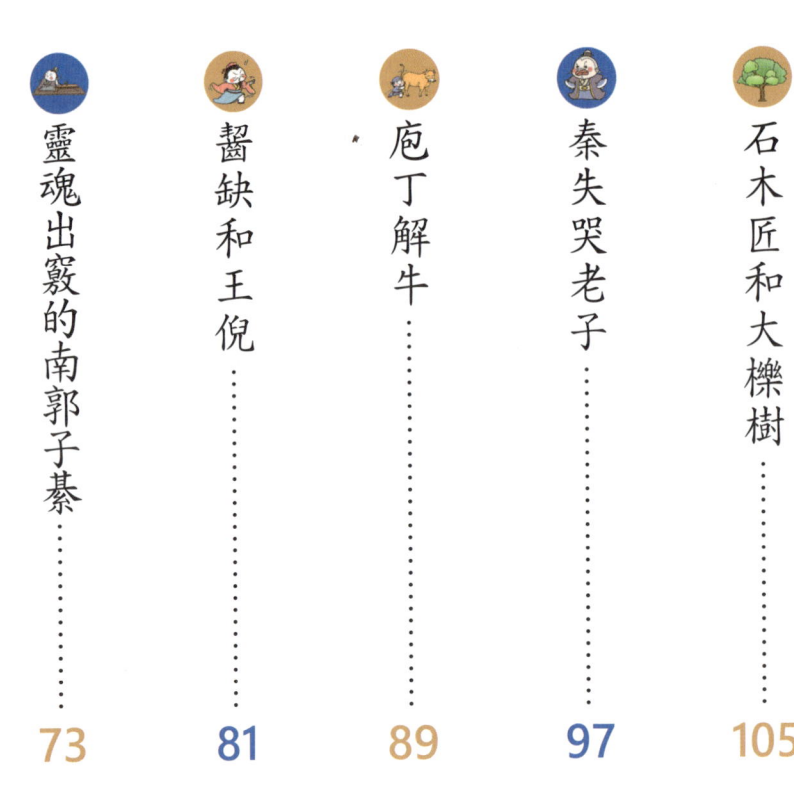

快樂的支離疏 …… 113
聖人王駘 …… 121
申徒嘉與子產 …… 129

莊子哭妻

【莊子・外篇・至樂】

莊子妻死，惠子弔之，莊子則方箕踞鼓盆而歌。惠子曰：「與人居，長子、老、身死，不哭，亦足矣，又鼓盆而歌，不亦甚乎！」莊子曰：「不然。是其始死也，我獨何能無概然！察其始而本無生，非徒無生也而本無形，非徒無形也而本無氣。雜乎芒芴之間，變而有氣，氣變而有形，形變而有生，今又變而之死，是相與為春秋冬夏四時行也。人且偃然寢於巨室，而我噭噭然隨而哭之，自以為不通乎命，故止也。」

莊子哭妻

ㄓㄨㄤ ㄗˇ ㄎㄨ ㄑㄧ

莊子妻死，惠子弔之，莊子則方箕踞①鼓盆而歌。惠子

莊子的妻子死了，惠子來弔喪，看到莊子像簸箕一樣蹲坐，敲著瓦盆唱歌。惠子

① 箕踞（ㄐㄧ ㄐㄩˋ）：兩腳伸直岔開而坐，形狀像簸（ㄅㄛˋ）箕，是一種傲慢的行為。

曰：「與人居，長子、老、身死，不哭，亦足矣，

說：「你和妻子生活，她爲你生兒育女，與你白頭偕老，現在去世，你不哭就算了，

又鼓盆而歌，不亦甚乎！」莊子曰：「不然。是其始

還敲著瓦盆唱歌，太過分了！」莊子說：「不。她剛去世，

死也，我獨何能無概然②！察其始而本無生，非徒無生

我怎麼能不慨嘆悲傷呢！仔細推究她出生前本無生命，

② 概然：概，通「慨」，慨嘆悲傷。

也而本無形，非徒無形也而本無氣。雜乎芒芴③之間，

也沒有形質，也沒有構成身體的物質。在恍恍惚惚間

③ 芒芴（ㄏㄨ）：恍恍惚惚。

變而有氣，氣變而有形，形變而有生，今又變而之死，

變化有了元氣，進而有形體，再有生命，現在死去，

是相與爲春秋冬夏四時行也。人且偃然④寢於巨室⑤，

相當於春夏秋冬四季輪迴。死去的人已仰臥在天地之間，

④ 偃然：仰臥的樣子。 ⑤ 巨室：指天地之間。

而我噭噭然⑥隨而哭之，自以爲不通乎命，故止也。」

我嗚嗚哭泣就是不通自然變化之理，所以停止了哭泣。」

⑥ 噭噭（ㄐㄧㄠˋ）然：痛哭的樣子。

解讀

莊子把生和死看成是一回事，所以當面對死亡的時候，莊子是非常坦然的。當然一開始莊子也有人之常情，當自己最親的人去世時，莊子也是悲傷的。但他很快想明白了一個道理：人是自然的一部分，在沒有出生以前我們沒有形體，沒有思想，當我們死後，形體也回歸自然，思想也消失了，一切又回到本源，所以從大的概念上來說，生和死沒有什麼兩樣。

莊子的妻子去世了，他的好朋友惠子第一時間趕來弔唁。惠子來到靈堂前，看到莊子的樣子嚇了一跳。只見他伸直兩腿坐在地上，懷裡抱著瓦盆，邊敲邊唱歌，好像一點也不悲傷。

惠子覺得莊子太無禮了，於是提醒他說：「我說老弟啊，你老婆和你生活了很多年，給你生兒育女，現在她去世了，你不哭也就算了，還敲盆唱歌，太過分了吧。」

莊子解釋道：「剛開始的時候，我也是很悲傷的，畢竟是我的老婆啊！可是後來我一想，她出生之前是沒有生命的，連形體也沒有，不但沒有形體，連構成身體的元素也沒有。」

莊子開始了他的說理：「生命從沒有到誕生，然後從活著到死亡。從生到死，再從死到生，這是一個循環往復的變化過程啊！就像春夏秋冬四季變換一樣。死去的人已經在天地之間安息了，我為什麼還要哭哭啼啼呢？」

莊子對親人的離世看得很開，而對自己的死也坦然面對。莊子病重的時候，學生想在他死後給他舉辦盛大的葬禮，莊子十分生氣地拒絕了。

莊子說：「我用天地做棺材，把太陽和月亮當成雙璧，把星星看成是珠玉，把萬物看成是陪葬品。這個葬禮還不隆重嗎？」

學生擔心地說：「老師，我們害怕您這樣直接躺在地上，被烏鴉和老鷹發現，然後被牠們吃了啊！」

莊子大笑說：「在地面上會被烏鴉和老鷹吃，在地下也會被螻蛄（ㄌㄡˊ　ㄍㄨ）和螞蟻吃。你們把我從烏鴉和老鷹那裡奪過來交給螻蛄和螞蟻，不是同一回事嗎！」

文化小辭典
鼓盆而歌

成語「鼓盆而歌」出自《莊子・外篇・至樂》，表示對生死保持樂觀的態度，後來也表示對妻子去世感到哀痛。

莊子思念惠子

【莊子・雜篇・徐无鬼】

莊子送葬，過惠子之墓，顧謂從者曰：「郢人堊慢其鼻端，若蠅翼，使匠石斲之。匠石運斤成風，聽而斲之，盡堊而鼻不傷，郢人立不失容。宋元君聞之，召匠石曰：『嘗試為寡人為之。』匠石曰：『臣則嘗能斲之。雖然，臣之質死久矣。』自夫子之死也，吾無以為質矣，吾無與言之矣。」

莊子思念惠子
ㄓㄨㄤ ㄗˇ ㄙ ㄋㄧㄢˋ ㄏㄨㄟˋ ㄗˇ

莊子送葬，過惠子之墓，顧謂從者曰：「郢人[1]堊[2]慢[3]

莊子去送葬，路上經過惠子的墳墓，他回過頭對跟隨他的人說：「有一個楚國郢都的人弄白灰泥的時候沾到了

① 郢（ㄧㄥˇ）人：楚國都城的人。
② 堊（ㄜˋ）：白土。
③ 慢：通「墁」，塗。

其鼻端，若蠅翼，使匠石斲[4]之。匠石運斤[5]成風，

鼻尖上，這點白灰泥像蒼蠅的翅膀一樣又薄又小，他請木匠把它削掉。木匠揮舞著斧頭帶起一陣風呼呼響，

④ 斲（ㄓㄨㄛˊ）：砍，削。 ⑤ 斤：斧頭。

聽而斲之，盡堊而鼻不傷，郢人立不失容。宋元君聞

任憑斧頭去砍削，把白灰泥削得一乾二淨，鼻子卻一點也沒有受傷，郢都人站著神色不變。宋元君聽說了

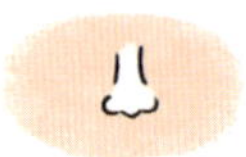

之，召匠石曰：『嘗試為寡人為之。』匠石曰：『臣

這件事，把木匠召到跟前來說：『試著給我來削一下。』木匠說：

則嘗能斲之。雖然，臣之質[6]死久矣。』自夫子之死也，

『我以前是可以這樣削的。雖然如此，能讓我用斧子劈去鼻尖泥點的對象已經死了。』自從惠子死了以後，

⑥ 質：對手，指施展技藝的對象。

吾無以為質矣，吾無與言之矣。」

我就沒有對手了，也沒有可以與之辯論的人了。」

解讀

莊子和惠子一向「相愛相殺」，每次碰到一起就辯論個不停。但他們也是真正的好朋友，思想上的知己。所以惠子去世後，莊子感到失落，因為沒有人能取代惠子和他進行思想上的交鋒。高山流水，知音難覓，莊子說自己沒有了對手，也沒有了可以與之辯論的人。

親戚去世了，莊子到郊外去送葬，回來的時候剛好路過惠子的墳墓。莊子回想起以前和惠子在一起辯論的情形，心裡很不好受，覺得知音難覓。

莊子在墓碑前默默地站了好久，才回過頭來對身邊的人講了個故事：從前，楚國的都城裡有個泥瓦匠，他的技術很高超。仰著頭給人家塗抹牆壁時，一點泥漿都不會掉落到身上。

同時，都城裡還有一個姓石的木匠。這兩個人因為給別人家蓋房子經常見面，聊得也很投機，他們成了好朋友。

有一次在工作的時候，泥瓦匠大意了，把泥漿濺到自己的鼻尖上。這個泥點像蒼蠅翅膀一樣薄，幾乎看不見。

泥瓦匠趕緊找木匠，請他幫忙把泥點削掉。木匠來到泥瓦匠面前，閉上眼睛，揮舞起他的斧頭，「呼呼」幾下就把泥瓦匠鼻尖上的泥點給削掉了。泥瓦匠站在那裡神色不變，一點也不怕鼻子被削掉。

講到這裡，莊子感慨地說：「誰能想到，木匠的技藝竟然這樣出神入化，達到了運斤成風的境界。而這個泥瓦匠對他如此信任和了解，把命都交到他手裡，真是知音啊！」

莊子一邊羨慕他們，一邊繼續講故事。很多年以後，宋元君聽說了這件事，就把這個木匠找來，讓他再施展一下這項高超的技能。

木匠連忙擺手說：「以前我是能做到，但是那個能讓我發揮高超技能的泥瓦匠已經去世很久了。」莊子嘆了口氣說：「惠子死了，我也找不到像泥瓦匠那樣能讓我發揮技能的人了。」

文化小辭典 運斤成風

成語「運斤成風」出自《莊子・雜篇・徐无鬼》，形容某人的技藝非常嫻（ㄒㄧㄢˊ）熟、高超。

多用於褒（ㄅㄠ）義，誇讚別人的技藝或能力。

莊子借糧

【莊子・雜篇・外物】

莊周家貧，故往貸粟於監河侯。監河侯曰：「諾。我將得邑金，將貸子三百金，可乎？」

莊周忿然作色曰：「周昨來，有中道而呼者。周顧視車轍中，有鮒魚焉。周問之曰：『鮒魚來！子何為者邪？』對曰：『我，東海之波臣也。君豈有斗升之水而活我哉？』周曰：『諾。我且南遊吳越之王，激西江之水而迎子，可乎？』鮒魚忿然作色曰：『吾失我常與，我無所處。吾得斗升之水然活耳，君乃言此，曾不如早索我於枯魚之肆！』」

ㄓㄨㄤ ㄗˇ ㄐㄧㄝˋ ㄌㄧㄤˊ

莊子借糧

莊周家貧，故往貸粟於監河侯。監河侯曰：「諾。我
莊周家裡貧窮，所以去監河官那兒借糧。監河官說：「好。

將得邑金[1]，將貸子三百金，可乎？」
等收到采邑的稅金後借你三百金，可以嗎？」

① 邑金：封地的稅金。

莊周忿然作色[2]曰：「周昨來，有中道而呼者。周顧視
莊周生氣地說：「我昨天來這兒路上聽到有人呼救，我回頭看到

② 忿（ㄈㄣˋ）然作色：臉色突然變得憤怒起來。

車轍中，有鮒魚[3]焉。周問之曰：『鮒魚來！子何爲者
車轍（ㄔㄜˋ）裡有條鯽魚。我問牠：『鯽魚！你在這做

③ 鮒（ㄈㄨˋ）魚：鯽魚。

邪？』對曰：『我，東海之波臣[4]也。君豈有斗升之水
什麼？』鯽魚回答：『我是東海水族大臣，您能用斗升的水救

④ 波臣：水波中的臣子，即水族中的一員。

而活我哉？』周曰：『諾。我且南遊吳越之王，激西江
活我嗎？』我說：『好。我去南方遊說吳越兩國的君王引來西江水

之水[5]而迎子，可乎？』鮒魚忿然作色曰：『吾失我
來救你，可以嗎？』鯽魚臉色大變，生氣地說：『我失去時常伴隨我

⑤激西江之水：引西江的水。

常與，我無所處。吾得斗升之水然活耳，君乃言此，
的水，沒有容身的地方。只要得到斗升的水就能活命，你竟然這樣說，

曾不如早索我於枯魚之肆[6]！』」
那還不如早點去魚乾市場找我呢！』」

⑥ 枯魚之肆（ㄙˋ）：賣魚乾的市場。

解讀

人陷入困境的時候，當然希望別人能及時伸出援助之手，解決燃眉之急。然而有些人卻無視別人的處境，許下空洞的承諾，不想解決問題。文中的監河官就是這樣的人，等封地的稅金收上來，莊子早就餓死了。

莊子家境貧困，經常斷糧，他不得已厚著臉皮向別人借糧。這天莊子來到監河官的家，準備向他借點糧食，救急。監河官說：「過幾天我封地的稅金就要到了，到時候借你三百金。」

莊子一聽這話很生氣，但他忍著不發火，給監河官講了一個故事：我昨天來您這裡的路上，聽到有人在喊救命，發現是車轍裡的一條鯽魚。可憐的鯽魚說：「好心人，我是東海水族的大臣，遭了小人的暗算，請給我一升水，救我一命，我一定報答你的救命之恩。」

莊子說：「沒問題啊！我去南邊遊說吳越兩國的君主，請他們將西江的水引過來，到時候你就能得救了。你覺得怎麼樣？」

鯽魚聽了瞪大眼睛，氣哼哼地對莊子說：「等到你引水過來，我早就乾死了！給一升水我就能活命，而你這樣說，還不如早點去魚乾市場裡找我！」

文化小辭典　涸轍之鮒

成語「涸轍之鮒」正是來源於莊子所講的車轍裡的魚求水的故事。

比喻處在困境中亟（ㄐㄧˊ）待救援的人

曹商嘲笑莊子

【莊子・雜篇・列禦寇】

宋人有曹商者，為宋王使秦。其往也，得車數乘。王說之，益車百乘。反於宋，見莊子曰：「夫處窮閭阨巷，困窘織屨，槁項黃馘者，商之所短也；一悟萬乘之主而從車百乘者，商之所長也。」

莊子曰：「秦王有病召醫，破癰潰痤者得車一乘，舐痔者得車五乘，所治愈下，得車愈多。子豈治其痔邪，何得車之多也？子行矣！」

ㄘㄠˊ ㄕㄤ ㄔㄠˊ ㄒㄧㄠˋ ㄓㄨㄤ ㄗˇ

曹商嘲笑莊子

宋人有曹商者，爲宋王[1]使秦。其往也，得車數乘。

宋國曹商爲宋王出使秦國。他去的時候得到宋王賞賜的幾輛馬車。

① 宋王：即宋國國君宋偃王。

王說[2]之，益[3]車百乘。反[4]於宋，見莊子曰：「夫處

秦王見到他後很高興，加賞了一百輛馬車。曹商回到宋國，見到莊子說：「你住在

② 說：通「悅」，高興。 ④ 反：同「返」，返回。

③ 益：增加。

窮閭厄巷[5]，困窘織屨，槁項黃馘[6]者，商之所短也；

偏僻簡陋的里巷，生活窮困靠織草鞋度日，面黃肌瘦，我不如你；

⑤ 窮閭厄（ㄜˋ）巷：厄，通「隘」，狹窄。偏僻的里巷。

⑥ 槁（ㄍㄠˇ）項黃馘（ㄒㄩˋ）：脖子乾枯，臉面黃瘦。

一悟[7]萬乘之主而從車百乘者，商之所長也。」

一天之內說服君主獲得百輛馬車，就是我的長處了。」

⑦ 一悟：一天之內使人醒悟。

莊子曰：「秦王有病召醫，破癰潰痤者得車一乘，

莊子說：「秦王生病找醫生，能治膿瘡的得到一輛馬車，

舐痔者得車五乘，所治愈下[8]，得車愈多。子豈治其

舔舐（ㄕˋ）痔瘡的能得到五輛馬車。手段越卑下得到的馬車就越多。你是爲秦王治

⑧ 愈下：越來越卑下。下，卑下。

痔邪，何得車之多也？子行矣！」

療痔瘡了嗎，得到這麼多馬車？你走吧！」

解讀

世界上有很多像曹商這樣的人，為了得到名利，不惜犧牲自己的人格，去做非常卑劣骯髒的事情以討好當權者。莊子借這個故事批判了像曹商這類為了名利對身處高位的人做出卑躬屈膝、恬（ㄊㄧㄢˊ）不知恥的奉承行為。

宋國有個叫曹商的人，宋偃王讓他去秦國當外交官，賞賜了他好幾輛馬車。他到了秦國，深得秦王的喜愛，秦王賞了他一百輛馬車。

感謝秦王，讓您開心就是我的使命。
哈哈，你講的笑話太好笑。有賞！
曹商

曹商帶著百輛馬車浩浩蕩蕩地回國，風光無限，引得路過的人豔羨不已。曹商得意得尾巴都要翹上天了，他一見到莊子就開始嘲笑莊子，嫌棄他貧窮寒酸。

暴發戶！
呦！這不是莊子嗎？

曹商吹噓自己：「你住在貧民窟裡，生活很糟糕，靠編草鞋為生，整天餓得面黃肌瘦的，這一點我可比不上你啊！而我呢，當外交官四處遊說，還特別受諸侯欣賞，享受榮華富貴，這是我的長處啊！」

莊子不動聲色地對曹商說了一個故事。秦王得了一個怪病，並許下承諾，說誰能治好他的毒瘡就賞賜一輛馬車，願意用舌舔治痔瘡的人，賞賜五輛馬車。治療的病越是卑汙，獲得的賞賜就越高。

榜
尋醫告示
秦王的賞賜可真誘人啊！
那可不，能舔痔瘡也不是一般人能做到的啊！

莊子對曹商露出疑惑的表情，問他：「你獲得了這麼多的賞賜，難道是給秦王治病去了嗎？」

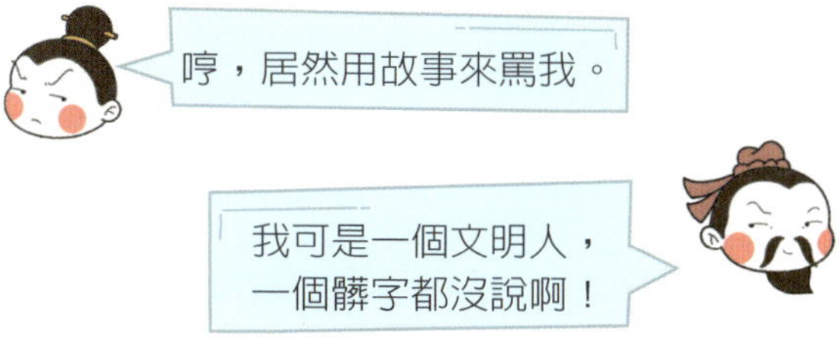
哼，居然用故事來罵我。
我可是一個文明人，一個髒字都沒說啊！

文化小辭典

吮癰舐痔

成語「吮癰舐痔」指給人嘬（ㄗㄨㄛ）癰疽（ㄩㄥ ㄐㄩ）的膿，舔痔瘡，比喻不擇手段地諂媚巴結。「舐痔」語出《莊子・雜篇・列禦寇》，意思是舔別人的痔瘡，比喻無恥的諂媚行為。

探驪得珠

【莊子・雜篇・列禦寇】

人有見宋王者，錫車十乘，以其十乘驕稚莊子。莊子曰：「河上有家貧，恃緯蕭而食者，其子沒於淵，得千金之珠。其父謂其子曰：『取石來鍛之！夫千金之珠，必在九重之淵而驪龍頷下。子能得珠者，必遭其睡也。使驪龍而寤，子尚奚微之有哉！』今宋國之深，非直九重之淵也；宋王之猛，非直驪龍也。子能得車者，必遭其睡也。使宋王而寤，子為齏粉夫！」

ㄊㄢˋ ㄌㄧˊ ㄉㄜˊ ㄓㄨ

探驪得珠

人有見宋王者，錫[1]車十乘，以其十乘驕稚[2]莊子。莊子

有個拜見過宋王的人，被宋王賞賜了十乘馬車，他就用這十乘馬車向莊子誇耀。莊子

① 錫：同「賜」，賞賜。 ② 稚：驕。

曰：「河上有家貧，恃緯蕭而食[3]者，其子沒於淵，

說：「黃河邊上有一戶人家靠編織蘆葦為生，這家的兒子潛入深淵，

③ 恃緯蕭而食：靠編織蘆葦為生。

得千金之珠。其父謂其子曰：『取石來鍛[4]之！夫千金

得到了價值千金的珠子。他的父親對他說：『拿石頭來砸碎它！這顆價值千金

④ 鍛：錘破，砸碎。

之珠，必在九重之淵而驪龍頷下。子能得珠者，必遭

的珠子，必定是在九重深淵下驪龍的下巴下，你能得到它，一定是遇到

其睡也。使驪龍而寤[5]，子尚奚微之有哉！』今宋國之

驪龍睡著的時候。等到牠醒來，你就要被吃得一點不剩了啊！』現在宋國形勢

⑤ 寤（ㄨˋ）：醒過來。

深，非直九重之淵也；宋王之猛，非直驪龍也。子能

的險深，不止於九重深淵；宋王的兇猛，不亞於驪（ㄌㄧˊ）龍。你能

得車者，必遭其睡也。使宋王而寤，子為齏粉[6]夫！」

得到這些馬車，一定正逢宋王糊塗之時。等到他醒悟過來的時候，你就要粉身碎骨了！」

⑥ 齏（ㄐㄧ）粉：搗碎。比喻粉身碎骨。

解讀

世上有很多人為了名和利常常去冒險，有時候甚至會為此丟掉性命。但這些人卻渾然不知，他們自己在靠近危險，反而非常得意。殊不知，那條睡熟的黑龍即將醒來，醒來的牠會將人撕咬粉碎，就像那些喜怒無常的君王時刻都可能要了人的性命。

有個宋國人去拜見宋王，很受宋王的賞識，宋王賜他十輛馬車，他高興得臉上樂開了花，於是駕著馬車去向莊子炫耀，說他如何得到宋王的誇讚，那人得意洋洋的表情讓莊子覺得好笑。

來來，老朋友，
看看大王給我的
馬車，多美啊！
大禍臨頭了你
還不知道！
宋
人

莊子坐上馬車，給宋人講了一個故事。話說這黃河邊上住著一戶人家，家裡窮得要命，全家就靠編織蘆葦席子生活。他們有個兒子特別愛游泳，還是個潛水高手，經常去深淵裡潛水。

我去潛水啦！
哎，天天玩水，
能玩個冠軍回
來嗎？

這家的兒子水性特別好，他又一次潛進了深淵，他游到特別深的地方，周圍漆黑一片，突然看到一顆金光閃閃的寶珠，他高興地取了寶珠帶回了家。

啊，好美的珠子，
應該值不少錢吧。

回到家裡，兒子興奮地把寶珠捧給父親看。父親一看到金光燦燦的寶珠，沒有高興，反而陰沉著臉，內心非常驚恐，趕緊要兒子將這顆寶珠用石頭砸碎。

為什麼呀？這可是價值連城的寶珠啊！
快點把它砸碎，兒子你闖禍了！

父親語重心長地教訓起兒子來：「這樣珍貴的寶珠一定是放在九重深淵裡黑龍的下巴底下，一定是黑龍睡著了，你趁牠睡著就取走寶珠。」

呼嚕呼嚕
啊，好大好美的珠子呀！

假如黑龍一覺醒來，發現寶珠不翼而飛，牠一定會到處尋找，到時候你就要粉身碎骨了。

是哪個卑鄙小人偷了我的寶珠，快交出來！

兒子聽完父親的話，嚇得瑟瑟發抖，趕緊一溜煙跑出去，用石頭把寶珠砸碎了。兒子看著碎片，傷心地哭了起來。

啊，發財的機會就這樣錯過了！

莊子說完了故事，對宋人說：「現在宋國的情形比九重深淵還危險，宋王兇狠，比黑龍還要可怕。你這樣輕輕鬆鬆就得到了賞賜，等宋王醒悟過來，你恐怕就要粉身碎骨了。」

宋王
趕緊把那個遊說我的人抓來，千刀萬剮了。
遵旨！

文化小辭典 探驪得珠

這個故事後來就演變成一個成語——「探驪得珠」。驪：古指黑龍，意思是講從黑龍的下巴底下取得寶珠，原指冒大險得大利。

後來常常被用來指做文章扣緊主題，抓住要領。

文章主旨
今天我們講一下這篇課文的主旨。

莊子穿補丁衣服

【莊子・外篇・山木】

莊子衣大布而補之，正緳係履而過魏王。魏王曰：「何先生之憊邪？」

莊子曰：「貧也，非憊也。士有道德不能行，憊也；衣弊履穿，貧也，非憊也。此所謂非遭時也。」

ㄓㄨㄤ ㄗˇ ㄔㄨㄢ ㄅㄨˇ ㄉㄧㄥ ㄧ ㄈㄨˊ
莊子穿補丁衣服

莊子衣[1]大布而補之[2]，正緳係履[3]而過魏王[4]。

莊子穿著帶補丁的粗布衣服，腳踩用麻繩捆綁的破鞋去見魏王。

① 衣：這裡作動詞，穿。

② 大布而補之：用粗布做成的衣服又打了補丁。

③ 正緳（ㄒㄧㄝˊ）係履：用麻繩捆綁破鞋。緳，麻帶。

④ 魏王：指魏惠王。

魏王曰：「何先生之憊[5]邪？」莊子曰：「貧也，

魏王說：「先生怎麼這樣疲憊困頓呢？」莊子說：「我這是貧窮啊，

⑤ 憊：疲憊困頓。

非憊也。士有道德不能行，憊也；衣弊履穿[6]，貧也，

不是疲憊困頓！士人有道德理想卻不能實行，這才是疲憊困頓呢；衣服破舊，鞋子爛了，這是貧窮，

⑥ 衣弊履穿：衣服破舊，鞋子破爛成洞。

非憊也。此所謂非遭[7]時也。」

而不是疲憊困頓。這就叫生不逢時啊！

⑦ 遭：逢。

解讀

莊子在物質生活上是非常貧窮的，他穿的是粗布做成的衣服，還破舊得打滿了補丁，鞋子經常穿爛。他以這副模樣去見魏王，連魏王都看不過去，同情可憐他疲憊困頓。但是莊子卻說自己是貧窮，而不是困頓。兩者區別在於貧窮僅僅是物質上的，而困頓是理想不能實現。

你這穿得也
太窮困了。
魏王
我只是窮！
但不困頓！
莊子

魏王有事召見莊子，當時莊子正在河邊悠閒地釣魚，他直接穿著平時的衣服，腳踩著用麻繩捆綁的破鞋就出發了。

你才是乞丐，他可是大名鼎鼎的莊子！
我眼花了嗎，魏王怎麼召見一個乞丐？

莊子大搖大擺地進了魏王的大門，魏王定睛一瞧，這一身破衣的人可不就是莊子嘛。魏王同情地看著他說：「我說先生啊，你怎麼這麼疲憊困頓呢？」

莊子搖搖頭，對魏王說：「我這是貧窮，不是疲憊困頓。讀書人胸懷理想，沒地方施展，這才叫疲憊困頓。得不到重用，這就是生不逢時啊！」

大王好啊，好久不見！
哎呀，你怎麼混成這副模樣？
魏王

莊子舉了個例子，猴子在楠（ㄋㄢˊ）樹、梓（ㄗˇ）樹、豫章這樣的大樹之間攀爬跳躍，就算后羿和逢蒙這樣的神箭手也射不到牠們。一旦猴子們落到柘（ㄓㄜˋ）樹、荊棘、枳（ㄓˇ）樹等這些長滿刺的灌木叢中，那牠們就沒有發揮的餘地，一不小心就會被扎成刺蝟。所以牠們內心恐懼不已。

哈哈，臭猴子，不用我射箭，你們就被扎成了刺蝟。
哎喲，我的手上是刺，屁股上也是刺。

莊子說：「所以啊，我現在不就像那些被扎成刺蝟的猴子一樣嗎？處在君王昏庸無道、大臣們胡作非為的時代，連比干那樣賢能的人都被紂王挖了心，我不頹廢才怪呢？」魏王聽了啞口無言，竟然找不出反駁的理由。

昏君當道，今天我又是一個小頹廢！
哼，你這是在諷刺我？

文化小辭典　士

在莊子生活的戰國時期，「士」這個社會階層主要由沒落的貴族和有知識或技能的平民組成，如學士、策士、術士、食客等。其中，學士又被稱為文士，主要是知識分子，包括儒家、墨家、道家、法家等。

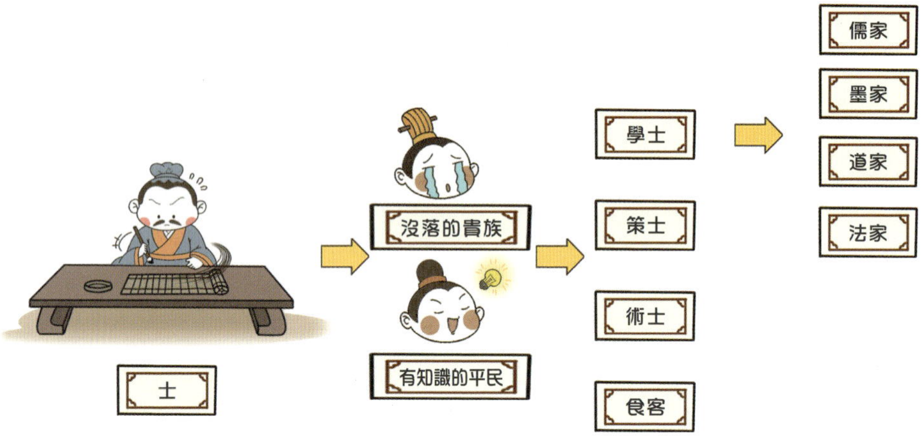

他們多從事教育，著書立說，提出理論，並希望自己的思想能為治理天下服務。

井底之蛙

【莊子・外篇・秋水】

　　謂東海之鱉曰：「吾樂與！出跳梁乎井幹之上，入休乎缺甃之崖；赴水則接腋持頤，蹶泥則沒足滅跗；還虷、蟹與科斗，莫吾能若也。且夫擅一壑之水，而跨跱坎井之樂，此亦至矣。夫子奚不時來入觀乎？」

ㄐㄧㄥˇ ㄉㄧˇ ㄓ ㄨㄚ

井底之蛙

謂東海之鱉曰：「吾樂與！出跳梁[1]乎井幹之上，

（井蛙）對東海的龜說：「我多麼快樂呀！我出來可以在井欄上跳躍，

① 跳梁：跳躍的意思。

入休乎缺甃之崖[2]；赴水則接腋持頤[3]，蹶[4]泥則沒足

回去可以在井壁的缺口處休息。跳入水裡，水便托住我的腋窩和兩頰，踏進泥裡，泥巴剛好

② 缺甃（ㄓㄡˋ）之崖：井壁上缺口的地方。
③ 頤（ㄧˊ）：兩頰，兩腮。
④ 蹶（ㄐㄩㄝˊ）：踐踏，踩踏。

滅跗[5]；還[6]虷[7]、蟹與科斗，莫吾能若也。且夫擅一

沒過我的腳背；回顧水中的孑孓、螃蟹和蝌蚪，都沒有像我這樣快樂！而且我獨占一坑

⑤ 沒足滅跗（ㄈㄨ）：跗，腳背。淹沒腳背。
⑥ 還：回顧。
⑦ 虷（ㄏㄢˊ）：孑孓，蚊子的幼蟲。

壑[8]之水，而跨跱[9]坎井之樂，此亦至矣。夫子奚不時

之水，盤踞土井的快樂，眞是快樂到極點了。您爲什麼不經常

⑧ 壑（ㄏㄨㄛˋ）：深溝，這裡指土井。　⑨ 跨跱（ㄓˋ）：盤踞。

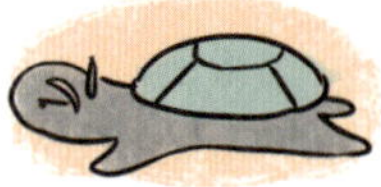

來入觀乎？」

進來看看呢？」

解讀

每個人都有自己的生活和經驗，所以很多時候我們對周圍事物的看法往往局限於我們自己熟悉的領域和生活，甚至有時候認為世界就是我們眼前看到的樣子。但其實在我們有限的眼界之外，還有廣闊的世界。而眼界狹隘（ㄞˋ）的人常常滿足於自己的小天地，並且沾沾自喜。

一隻青蛙住在一口井裡，牠認為自己住的地方簡直是豪華的大別墅，經常在井口邊洋洋得意地和過往的人打招呼。有一天，一隻從東海來的海龜從井邊路過，青蛙想和牠聊天。海龜第一次來這裡，見青蛙這麼熱情，就停下來和牠說話。

嗨，海龜兄，你從哪裡來的？你到哪裡去？你為什麼走得這麼慢？
你的問題怎麼這麼多？

青蛙得意地給海龜介紹起了自己的大別墅。牠說：「我住在大別墅裡，快活得賽神仙。出了井口就是大陽臺，回到井裡，井壁上的磚縫就是我的大床。」

一隻青蛙四條腿，兩隻眼睛一張嘴……

青蛙興奮地跳進了井裡，說牠在井裡蛙泳、仰泳、自由泳，還能踩泥巴，比那些小蟲子、小蝌蚪要快樂多了！說著牠就熱情邀請海龜來牠的豪宅做客。

海龜兄，快來和我一起游泳啊！

真的假的，可是我進不去啊！

海龜想下去一探究竟。沒想到左腳還沒伸進去，右腳就被絆住。牠慢慢退了回來，給青蛙講起牠在東海的家。海龜說，大海無邊無際，大禹時，十年有九年發大水，大海也沒見漲多少；商湯時，八年有七年乾旱，海水也沒見少多少。這就是我待在東海的快樂啊！

你這豪宅也太小了吧！
沒想到大海居然那麼大，溜了溜了。

文化小辭典

井底之蛙

成語「井底之蛙」出自《莊子・外篇・秋水》，指生活在井底的青蛙認為世界只有井口那麼大，用來比喻那些目光短淺、心胸狹隘之人。

這個成語告訴我們，人外有人，天外有天，世界總是比人們想像中的要大，要始終保持清醒的頭腦和進取的精神。

邯鄲學步

【莊子・外篇・秋水】

子往矣！且子獨不聞夫壽陵餘子之學行於邯鄲與？未得國能，又失其故行矣，直匍匐而歸耳。

ㄏㄢˊ ㄉㄢ ㄒㄩㄝˊ ㄅㄨˋ
邯鄲學步

子往①矣！且子獨不聞夫壽陵②餘子③之學行於邯鄲④與？

你快走吧！你難道沒聽說過燕國壽陵的那個少年在邯鄲學步法的故事嗎？

① 往：走。　② 壽陵：戰國時燕國地名。　③ 餘子：少年。
④ 邯鄲：趙國的都城。

未得國能⑤，又失其故行矣，

他不但沒學會趙國人走路的步法，而且連他自己原來走路的步法也忘記了，

⑤ 國能：趙國人走路的本領。

直⑥匍匐⑦而歸耳。

最後只能爬著回去。

⑥ 直：只能。　⑦ 匍匐（ㄆㄨˊ　ㄈㄨˊ）：爬行。

解讀

這個故事告誡人們不要輕易迷信別人的優點或長處，一味地要去模仿別人，很可能模仿不像，把自己原本的優點都丟了。要客觀地看待自己的優點和缺點，做好自己。

話說戰國時期，燕國壽陵有個少年，喜歡模仿別人。他聽說趙國都城邯鄲的人走路的姿勢十分優美，於是決定前往邯鄲學習。

趙國人走路真好看。
啊，我要趕緊追隨潮流。

少年馬車轉驢車，終於來到了邯鄲。他往大街上一站，看著來來往往的行人，發現他們走路的姿勢果然很優雅。

啊，我要陶醉了！

少年趕緊向行人學了起來。別人邁開左腳，他也邁開左腳，人家抬起右腳，他也抬起右腳。但是學了幾天他怎麼也學不像，反而越走越彆扭，姿勢扭扭捏捏，比以前還難看。

那人好奇怪啊！
哎，怎麼這麼彆扭呢？

少年想一定是他的方法不對，於是仔細琢磨每個動作，又練習了三個月。沒想到他還是沒學會邯鄲人的走路姿勢，就連自己原來的步法也忘得一乾二淨了。最後，少年徹底不知道該怎麼走路了，只能爬著回到燕國。

哈哈哈哈！
這個人好奇怪！
嗚嗚，為什麼我就是學不會啊？

文化小辭典 邯鄲學步

成語「邯鄲學步」出自這篇故事，它比喻一個人不知變通，一味地模仿他人，不僅沒學到本事，反而把自己原來的本事丟掉了。告誡人們盲目模仿，可能會適得其反。

莊子說劍

【莊子・雜篇・說劍】

昔趙文王喜劍，劍士夾門而客三千餘人，日夜相擊於前，死傷者歲百餘人，好之不厭。如是三年，國衰，諸侯謀之。

太子悝患之，募左右曰：「孰能說王之意，止劍士者，賜之千金。」左右曰：「莊子當能。」

ㄓㄨㄤ ㄗˇ ㄕㄨㄛ ㄐㄧㄢˋ

莊子說劍

昔趙文王[1]喜劍，劍士夾門[2]而客三千餘人，日夜相擊

從前，趙文王喜歡劍術，劍士們聚在門下爲客人的就有三千多人，他們晝夜不停地

① 趙文王：即趙惠文王趙何，戰國後期趙國的第七代君主，趙武靈王的兒子。 ② 夾門：聚於門下。

於前，死傷者歲百餘人，好之不厭[3]。

鬥劍，一年有一百多人死傷。但趙文王依然喜歡劍術，一點都不滿足。

③ 厭：滿足。

如是三年，國衰，諸侯謀之。太子悝[4]患之，募[5]左

如此過了三年，趙國就衰落了，其他諸侯圖謀攻打趙國。太子趙悝對此感到很憂慮，招募

④ 太子悝（ㄎㄨㄟ）：虛構的趙文王的兒子。

⑤ 募：招募。

右曰：「孰能說[6]王之意，止[7]劍士者，賜之千金。」

身邊的人說：「誰能說服大王讓劍士停止比劍，就賞賜他千金。」

⑥ 說：說服，勸服。 ⑦ 止：停止。

左右曰：「莊子當能。」

身邊的人說：「莊子應當能做到。」

解讀

對於普通人來說，玩物喪志會對自己造成不利的影響，而對國君來說可不是簡單的個人志向的迷失，有可能會導致國家的滅亡。趙文王喜歡劍術，劍士們為了生存和利益，投其所好，紛紛前來比試，結果死的死傷的傷。如果這些劍士上戰場，會是保家衛國的人才，但趙文王沒有讓人才發揮他們應有的作用，趙國就衰落了。

趙文王愛好劍術，為此專門養了三千多名劍士，讓這些人天天在自己面前決鬥。幾年下來，國勢衰敗，別的國家看準時機想要攻打趙國。

趙文王玩物喪志，但他兒子趙悝卻很理智，想讓他停止這種殘忍的遊戲，於是趙悝宣布誰能讓趙文王戒掉這個惡習就賞賜千金。有人就向趙悝推薦了莊子，說他一定能說服趙文王。

趙悝派人帶著千金厚禮來找莊子，沒想到莊子一分錢都沒收，就跟著使者來了。趙悝問他為什麼不收禮。莊子說：「我要是沒說服趙王會招來殺身之禍，若成功說服了，我想要什麼東西還是難事嗎？」

您不收禮，是因為嫌少嗎？
不少，也不算多。

趙悝說：「我爹只喜歡劍士，而且他見到的劍士都是滿頭蓬（ㄆㄥˊ）髮，鬢（ㄅㄧㄣˋ）毛突出，帽檐（ㄧㄢˊ）低垂，穿著後幅較短的衣服，瞪著雙眼。您穿著儒服去見我爹，一定會把事情搞砸的。」

哇，這位劍士好威武！
有誰敢來挑戰我？

莊子說：「那就給我做一套劍士的服裝吧。」三天後，莊子喬裝打扮成劍士的模樣去見趙文王，趙文王早就迫不及待地要見這位傳說很厲害的劍士了。

聽說你要來勸我？
聽說大王喜歡劍術，我帶著我的劍術來參見大王。
莊子

趙文王見莊子這身打扮，有意試探他是真是假，於是就問他用什麼劍術來戰勝對手。莊子說：「我的劍術十步之內能殺一人，行走千里也沒人能阻擋。」趙文王聽了大喜，認為莊子很厲害。

哎呀，真有兩下子！
我的劍術已經出神入化了。

趙文王讓莊子先休息幾天，他要安排一場盛大的比賽。趙文王用了七天的時間讓手下的劍士先比試，死傷了六十多人才挑出五、六個最強的出來，讓他們挑戰莊子。

以強攻強，這個方法妙極了。
我是最強的！
都別跟我爭！
我才是！

趙文王問莊子喜歡用長劍還是短劍。莊子說：「我的劍術長短都適用，不過我有三種劍，隨便大王選用。」趙文王好奇是哪三種劍。莊子說：「請讓我好好向大王介紹一下。」趙文王點頭同意了。

來來來，看看我收藏的寶貝！
這些在我眼裡都不值錢。

第一種劍是天子之劍。它用燕溪和石城做劍鋒，齊國和泰山做劍刃，拿晉國、衛國做劍脊（ㄐㄧˇ），周地和宋國做劍環，韓國和魏國做劍柄，四境和四時做劍鞘（ㄑㄧㄠˋ）……靠刑法和德化來論斷，遵循四季自然之道來運行。這把劍用起來所向無敵，讓天下人全都歸服。

天子之劍在此，還不趕快投降！
太強了！
服了服了！

第二種劍是諸侯之劍。它用智勇之士做劍鋒，清廉之士做劍刃，賢良之士做劍脊，忠誠聖明之士做劍環，豪傑之士做劍柄。這種劍也所向披靡，像雷霆一樣震撼四境之內，沒有人敢不服從國君的命令。

從從從！
諸侯之劍，誰敢不從？
從從從！

第三種劍是庶人之劍。用這種劍的人全都是滿頭蓬髮，鬢毛突起，戴著低垂的帽子，穿著後幅較短的衣服，瞪著雙眼，說話不流利。他們在人面前相互打鬥廝殺，跟鬥雞沒什麼區別。一旦一命嗚呼，對國家也沒有什麼用處。

哎，一把破劍有什麼好爭的！
我的！
我的！

莊子長長地嘆了口氣說：「大王您現在擁有天子的地位卻喜歡庶人之劍，這樣恐怕不合適吧。請大王平定心氣，關於劍術的事情我呈奏完了。」於是趙文王在家面壁思過了三個月，劍士們都在居處自殺了。

本王慚愧啊。
這個莊子是什麼人啊，一張嘴比我們的劍還厲害。
嗚嗚，想不到這麼快就失業了！

文化小辭典 門客

春秋戰國時期，諸侯國的貴族盛行養門客。這些人有特定的才能，比如謀士出謀劃策，武士擔任保鏢，保護主人的安全。

你認為我之前說的方法如何？
這件事您說得對，我受益匪淺！

別動！
大王別怕，我來保護你！
嗯！有你在我放心！

今天又是無所事事的一天！
是啊！每天這樣無憂無慮真不錯！

他們的身分不同於家奴，沒有固定工作，關鍵時刻替主人辦事。有的級別高的門客，享受很高的禮遇。也有一般的門客沒有真才實學，僅僅為了混吃混喝。

堯讓天下給許由

【莊子・內篇・逍遙遊】

堯讓天下於許由，曰：「日月出矣，而爝火不息，其於光也，不亦難乎！時雨降矣，而猶浸灌，其於澤也，不亦勞乎！夫子立而天下治，而我猶尸之，吾自視缺然，請致天下。」

堯讓天下給許由

堯[1]讓天下於許由[2]，曰：「日月出矣，而爝火[3]不息，

堯想要把天下讓給許由，對他說：「太陽和月亮都出來了，還燃著小火，

① 堯：傳說中上古時代部落聯盟的首領，帝嚳（ㄎㄨˋ）之子，祁姓，名字叫放勳。原來的封地為唐，所以又稱他為唐堯。

② 許由：傳說中上古時代的賢人和隱士。

③ 爝（ㄐㄩㄝˊ）火：燭火。

其於光也，不亦難乎！時雨[4]降矣，而猶浸灌，其於澤[5]

與太陽和月亮比光芒，這不是很難的事嗎？及時雨已經降下來了，而還在用人力澆灌，對於滋潤

④ 時雨：及時雨。

⑤ 澤：滋潤。

也，不亦勞乎！夫子立而天下治，而我猶尸[6]之，

禾苗來說，不是多此一舉嗎？你如果立為天子，天下就能安定，我還占據這個位子，

⑥ 尸：主，主持。

吾自視缺然，請致天下。」

我覺得非常慚愧，請允許我把天下交給您。」

解讀

在堯的時代，非常重視賢能的人，人們都希望賢能的人成為帝王，來主持大局，讓百姓過上好日子。堯把自己的王位讓給許由，這不就等於把自己擁有的神兵利器拱手讓人嘛，真是大度啊。不過人家許由可不領情，不想接這個工作。那個時代多美好，不像後世人人為了權力勾心鬥角。

上古的時候有個叫堯的人，他被大夥推舉做了天子，管理天下的事務。他工作勤勤懇懇，一年三百六十五天沒有一天肯休息。在他的努力下，天下太平，百姓的日子過得還不錯。

今年莊稼的收成怎麼樣呀？
能填飽肚子，還能給您留一口。

有一天，堯聽說了一個叫許由的人。這個人可不得了，大家都一個勁兒誇他，說他品德高尚，說他非常聰明。總之說得天花亂墜，像天上下凡的神仙一樣。

有個叫許由的人可厲害了！
可不是，簡直像天神降世。
真有你們說得這麼神？

堯站在一旁聽了他們的談論，心裡暗暗驚嘆，天下竟然還有這樣既有才能，人品又很好的人。這樣的高人怎麼能浪費呢？趕緊把他找來接替我，好讓我退休享享清福。

哎，你們怎麼能大白天就綁人呢？
對不住了，許由先生，您必須去見天子。

於是，堯就派人四處打聽許由的下落。沒過多久，許由就被找到了，他隱居在山裡，一般人還真不容易見到他。

堯非常高興，很恭敬地對許由說，當太陽明晃晃地照著大地，或者月亮在夜空放出光芒，還點著小火苗，豈不是多此一舉嗎，這小火苗哪裡比得上太陽和月亮啊。

堯
許由

堯接著說，您就是乾旱時的及時雨啊，我天天辛辛苦苦澆地，也沒什麼用。您要是來治理天下，百姓一定過得更好。

堯順便自我反省了一下，覺得很多地方都沒做好。他非常誠懇地一定要把天子之位交到許由的手裡。

許由說，您已經把天下治理得很好了，我還來管閒事嗎？難道是為了千古留名？名聲這個東西我可不要。

許由指著樹上的一隻鳥說，你看這隻鳥在這林子裡搭鳥窩，只占據一塊小小的地方。我也是啊，只需要住這麼大的地方。

看！
什麼事？

許由又指著不遠處的河邊，一隻田鼠正在那裡喝水。許由說，田鼠只是喝口水把肚子給填飽罷了。我就跟這田鼠一樣，吃飽飯就行，天子的名號對我沒什麼用處。堯還是沒有放棄的意思。許由說，我現在生活得很快樂，根本不需要當什麼天子，您還是趕緊打道回府吧。

會客時間到了，您該回家了。
我還沒說完呢！

許由沒好氣地說，廚師雖然不盡職，尸祝也不必越位代替他去烹調。你做你的天子，我當我的隱士，我們井水不犯河水，這不是很好嗎？

再見了！
我的一片苦心！

文化小辭典

鼴鼠飲河，越俎代庖

「鼴（ㄧㄢˇ）鼠飲河」這個成語出自堯讓天下給許由這個故事，後來人們就把這個成語引申為人的需求有限，很容易滿足。

「越俎（ㄗㄨˇ）代庖（ㄆㄠˊ）」也出自這個故事，「俎」是古代一種擺放祭祀禮品的禮器，用來指代主持祭祀的人，而「庖」指的是廚師。這個成語比喻一個人不能越過自己的職權範圍，去處理別人主管的事務。

靈魂出竅的南郭子綦

【莊子・內篇・齊物論】

南郭子綦隱机而坐，仰天而噓，荅焉似喪其耦。顏成子游立侍乎前，曰：「何居乎？形固可使如槁木，而心固可使如死灰乎？今之隱机者，非昔之隱机者也。」

子綦曰：「偃，不亦善乎，而問之也！今者吾喪我，汝知之乎！女聞人籟而未聞地籟，女聞地籟而未聞天籟夫！」

ㄌㄧㄥˊ ㄏㄨㄣˊ ㄔㄨ ㄑㄧㄠˋ ˙ㄉㄜ ㄋㄢˊ ㄍㄨㄛ ㄗˇ ㄑㄧˊ

靈魂出竅的南郭子綦

南郭子綦[1]隱机[2]而坐，仰天而噓，荅（ㄉㄚˊ）焉似

南郭子綦倚靠著几案坐著，仰面向天呼氣，似乎進入了

① 南郭子綦：人名，楚昭王的弟弟，因為他住在楚國都城的南邊，所以又叫南郭子綦。

② 隱机：憑几，倚靠在几案上。

喪其耦[3]。顏成子游[4]立侍乎前，曰：「何居乎？形固

精神與形體相分離的狀態。顏成子游站在他跟前伺候，問：「是怎麼回事呢？人的形體本來

③ 似喪其耦（ㄡˇ）：耦，匹對。似乎精神離開了形體的樣子，指心靈活動不受形體所控制。

④ 顏成子游：南郭子綦的弟子，複姓顏成，名偃，字子游。

可使如槁木，而心固可使如死灰乎？今之隱机者，

可以使它像枯木一樣沒有生機，人的心靈本來可以使它像死灰一樣寂靜嗎？您今天倚靠几案坐著的神情

非昔之隱机者也。」子綦曰：「偃，不亦善乎，而問

與您以前不一樣。」子綦說：「偃，你這個問題問得好啊！

之也！今者吾喪我，汝知之乎！女聞人籟[5]而未聞地籟，

我今天遺棄了形體之我，你知道嗎！你聽說過人籟卻沒有聽說過地籟，

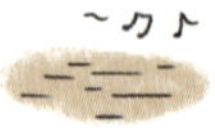

⑤ 籟（ㄌㄞˋ）：從孔穴裡發出的聲音，泛指聲音。

女聞地籟而未聞天籟夫！」

你聽說過地籟卻沒聽說過天籟。」

解讀

這個故事看上去有點玄乎，又是人籟，又是地籟，又是天籟。其實它講的道理簡單地來理解就是——人要靠樂器，才能發出好聽的聲音，而大地上的萬物要靠風等外物來發出聲音，而天籟千變萬化，遵守規律自然地發出來，比前面兩個都要高層次得多。

有一天，一個叫南郭子綦的人很悠閒地靠在茶几上，靜靜地坐著。他閉著眼睛，把臉對著天，不停地吐氣，好像忘掉自己的存在一樣。

南郭子綦

這時候，南郭子綦的學生顏成子游看到老師這副模樣，一肚子疑惑。他問南郭子綦：「老師啊，您為什麼會這樣呢？人的身體可以像枯死的木頭一樣，內心也可以像死灰一樣嗎？」

老師，您今天靠著茶几的樣子和昨天很不一樣！
你為什麼像猴子一樣撓頭啊？
???
顏成子游

南郭子綦非常高興地對他的學生說：「你平時不怎麼開竅，今天這個問題倒是問得好啊！我今天好像感覺不到自己的身體，完全忘記自己的存在了，你能懂這一點嗎？」

靈魂離體，感覺還挺神奇。
老師，您成功地引起了我的好奇心。

南郭子綦開始給他上課了。「你不懂也不怪你，就像你能聽到別人吹喇叭，但聽不到風吹過大地上無數個洞穴的聲音，更別說能聽到天地萬物發出的聲音了。這就是人籟、地籟、天籟的分別。」

為什麼是吹喇叭呢？
當然了，你也可以想像其他樂器，組個樂隊都沒問題。

顏成子游覺得老師說的人籟、地籟和天籟這三種不同的聲音很玄妙，就請教老師它們之間的關係。南郭子綦說：「人吹響樂器發出的聲音是人籟，這種聲音要依靠人的力量。」

老師，什麼是地籟？
只要你聽力沒問題，你一定聽過颳大風的呼呼聲。
人籟 地籟 天籟

南郭子綦接著說，大風一颳，整個山林就像個超級樂隊一樣。樹枝扭動起來，樹身上有大大小小的孔洞，奇形怪狀。風從這些洞裡穿過，發出的聲音有的像流水，有的像箭鳴……，這種聲音是「地籟」。

聽，風的聲音。
我聽到自己的肚子在叫！
咕

南郭子綦說，這些從樹洞裡發出的聲音之間會相互應和（ㄏㄜˋ），像合唱一樣。風小，和（ㄏㄜˊ）聲就小；風大，和聲就大。如果猛烈的風突然停止，千千萬萬個樹洞頓時會安靜下來，就好像合唱結束的那一刻。所以說，「地籟」也需要依靠外力的作用。

顏成子游總算清楚了人籟和地籟是怎麼回事，但是天籟又是什麼呢？南郭子綦捋（ㄌㄩˇ）了捋鬍鬚，若有所思地說：「發出天籟之音的事物有千千萬萬，而且千變萬化。天籟完全出於自然，不依靠別的東西。」

文化小辭典 天籟之音

成語「天籟之音」出自這個故事，它指自然界自然發出的聲響，後來指高雅的音樂。

古時候有「三音」的定義：古琴之音為天籟，土塤（ㄒㄩㄣ）之音為地籟，崑曲之音為人籟。

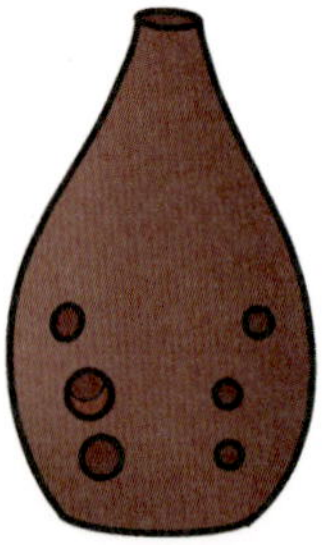

齧缺和王倪

【莊子・內篇・齊物論】

齧缺問乎王倪曰：「子知物之所同是乎？」曰：「吾惡乎知之！」「子知子之所不知邪？」曰：「吾惡乎知之！」「然則物無知邪？」曰：「吾惡乎知之！雖然，嘗試言之。庸詎知吾所謂知之非不知邪？庸詎知吾所謂不知之非知邪？」

ㄋㄧㄝˋ ㄑㄩㄝ ㄏㄢˋ ㄨㄤˊ ㄋㄧˊ

齧缺和王倪

齧缺①問乎王倪②曰：「子知物之所同是③乎？」曰：

齧缺問王倪：「您知道萬物有共同之處嗎？」王倪回答說：

① 齧缺：虛構的人物。 ② 王倪：虛構的人物。 ③ 所同是：共同認可的標準。

「吾惡乎④知之！」「子知子之所不知邪？」曰：

「我哪裡知道啊！」齧缺又問：「您知道您不知道的根由嗎？」王倪說：

④ 惡乎：疑問代詞，怎麼，哪裡。

「吾惡乎知之！」「然則物無知邪？」曰：「吾惡乎

「我哪裡知道啊！」齧缺進一步問道：「那麼這樣說來萬物就無從了解了嗎？」王倪說：「我哪裡

知之！雖然，嘗試言之。庸詎⑤知吾所謂知之非不知邪？

知道啊！即使這樣，我試著回答你的問題。你怎麼能知道我所說的『知』不是別人所知道的『不知』呢？

⑤ 庸詎（ㄐㄩˋ）：怎麼，哪裡。

庸詎知吾所謂不知之非知邪？」

你怎麼知道我所說的『不知』不是別人所知道的『知』呢？」

解讀

齧缺抓著「知道」與「不知道」這個問題打破砂鍋問到底。這麼難的問題，王倪想盡辦法讓他明白，後面還舉了很多例子。其實我們每個人對世界的認識是有限的，每個人的視角不一樣，所以「知」和「不知」也就不一樣。

有一次，齧缺向王倪請教問題。齧缺問：「您知道萬物有什麼共同之處嗎？」王倪答：「這我哪知道！」又問：「您知道您不知道的根由嗎？」王倪答：「這我哪知道！」再問：「那萬物是沒法了解了？」王倪答：「這我哪知道！」

您還好嗎？
不知道，不知道，不知道……
齧缺
王倪

齧缺接連遭受打擊，皺起了眉頭，沒想到自己的問題這麼難，一下子把王倪給難倒了。

您怎麼了？
我真不知道啊！

王倪看他愁眉不展，就好言安慰他：「對於你的這些問題，的確不好回答，我試試看吧。」

王倪說：「我曾經問過你，人睡在潮溼的地方，腰就會得病。泥鰍（ㄑㄧㄡ）也會這樣嗎？人如果住在樹上肯定天天擔心會不會從上面摔下來。猿猴也會這樣嗎？人、泥鰍和猿猴，究竟誰知道居住在哪裡最合適呢？」

人吃肉，麋（ㄇㄧˊ）鹿吃青草，蜈蚣吃小蛇，貓頭鷹和烏鴉喜歡吃老鼠。人、麋鹿、蜈蚣、貓頭鷹和烏鴉，到底誰知道真正的美味佳餚呢？

毛嬙（ㄑㄧㄤˊ）和麗姬是公認的絕世大美人，但是魚見到她們嚇得游到更深的地方，鳥見到她們驚得直飛沖天，麋鹿見到她們迅速逃跑，到底誰知道真正的美呢？

王倪說：「天下的事，對有的人來說有好處，對有的人來說卻是壞處。這些事沒有共同之處，很難說清楚誰是誰非。」齧缺緊追不捨地問：「您不知道事物的利與害，難道智慧最高的人也不知道嗎？」

我就想打破砂鍋問到底。

可惜，你的問題沒有標準答案啊！

王倪說：「最高智慧的人是神奇的。樹木雜草在熊熊燃燒，他居然感覺不到炎熱；江河裡的水都結了冰，他也感覺不到寒冷；霹靂劈開山上的石頭，大風暴捲起海浪，他也不感到驚慌。這種人之所以能這樣處變不驚，是因為他能像雲朵一樣隨著大氣流動，像太陽和月亮一樣在高空中運行，遨遊在四海之外。連生和死都不會改變他的狀態，更何況利與害這樣雞毛蒜皮的小爭端呢？」

我來去自由，
你們就不要
羨慕了。
今天天氣
不錯啊！

文化小辭典 沉魚落雁

成語「沉魚落雁」出自這則故事，莊子的本意是指世間的事物沒有標準可言，在人看來是美的東西，動物並不覺得美，甚至因為害怕而逃跑。

後來這個成語用來形容女子容貌美麗，魚和雁都看呆了。

庖丁解牛

【莊子・內篇・養生主】

庖丁為文惠君解牛，手之所觸，肩之所倚，足之所履，膝之所踦，砉然嚮然，奏刀騞然，莫不中音，合於〈桑林〉之舞，乃中〈經首〉之會。

庖丁解牛

庖丁[1]爲文惠君[2]解牛[3]，手之所觸，肩之所倚，

庖丁爲文惠君宰牛，他的手所接觸到的地方，肩膀所倚靠的地方，

① 庖丁：庖，廚師。名字叫丁的廚師。

② 文惠君：即魏惠王，魏國國君。

③ 解牛：解，解剖、分割。宰牛。

足之所履[4]，膝之所踦[5]，砉然嚮然[6]，奏刀騞然[7]，

腳所踩的地方，膝蓋所抵住的地方，皮肉與筋骨分離發出喀嚓（ㄎㄚ ㄘㄚ）的聲響，進刀解牛時嘩啦啦的聲音，

④ 履：名詞作動詞，踩的意思。

⑤ 踦（ㄧˇ）：屈跪一膝，頂住牛體。

⑥ 砉（ㄏㄨㄛˋ）然嚮然：形容宰牛時皮肉和骨頭分離的聲音。

⑦ 騞（ㄏㄨㄛˋ）然：進刀解物的聲音。

莫不中音[8]，合於〈桑林〉[9]之舞，乃中〈經首〉[10]之會。

沒有一處不符合音樂的節奏，既符合〈桑林〉舞蹈的節奏，又符合〈經首〉音樂的樂律。

⑧ 中音：符合音樂節奏。

⑨ 〈桑林〉：傳說殷商時代的樂舞曲。

⑩ 〈經首〉：傳說殷商時代的樂曲。

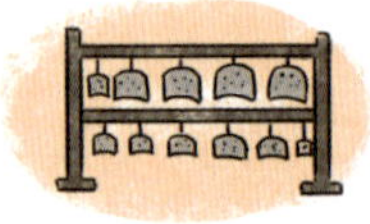

解讀

莊子在這則故事裡講了一個掌握神奇技能的廚師，他手起刀落，從容俐落，解剖牛的骨肉像在彈奏一曲樂曲，又像在跳一支舞蹈，非常有韻律，有節奏。能達到這樣的狀態是因為他經過反覆練習，解剖牛的技術已經到了行雲流水的地步。

戰國時期，魏國宮廷有個廚子，叫庖丁。庖丁有一項特殊的技能，就是精通解剖牛。一天宮廷裡舉行祭祀宰了一頭牛，魏王一時興起，想讓庖丁展示一下技能，解剖這頭牛。

去把庖丁叫來！
沒想到大王喜歡看解剖牛？
大王要看庖丁當眾解剖牛？
魏王

庖丁來了，他拿著刀對著空中比劃了幾下開始解剖。只見他用手在牛身上這摸摸那按按，一會兒又用肩膀頂住牛身，一會兒又用腳踩踩牛身。他不停地變換姿勢，刀在他手裡翻轉騰挪，看上去瀟灑俐落。

請開始你的表演。
庖丁

文惠君和大臣們在一旁看得入迷。大家聽到皮骨和肉分離的聲音，聽到刀切割牛身的聲音，這些聲音竟然像音樂一樣好聽，與舞蹈〈桑林〉合拍，又與〈經首〉節奏一致。

太妙了！太厲害了！

太神奇了！竟然像聽音樂一樣。

文惠君看了庖丁解剖牛，十分驚嘆，周圍的大臣和侍從（ㄗㄨㄥˋ）也看得目瞪口呆。文惠君驚嘆他的高超技術，問他是怎麼做到的。庖丁放下刀，擦了擦手，準備發表他的演講。

感謝捧場！

庖丁清了清嗓子，說：「我追求的是『道』，比技術更高深一步。我剛開始學習宰牛的時候，眼前見到的都是完整的一頭牛。可是學了三年之後，眼前看到的都是由各種骨頭和關節組成的牛。」

「到了現在呢，我閉著眼睛憑著心與牛接觸而不用看牠。我的感官在休息，可以隨心所欲依照牛的骨肉結構去解剖，順著骨頭縫隙進刀，按照牛本身的構造運刀，不動經絡筋腱，更不碰大骨頭。」

「好廚師一年換一把刀，因為他們常常割到牛身上的筋腱，刀難免有所損壞。而一般的廚師呢，他們基本上一個月換一把刀，因為他們解剖牛的時候經常碰到骨頭，一不小心就把刀刃弄折了。」

一年一把刀，
刀刀都鈍。
一月一把刀，
刀刀有缺口。

「而我這把刀已經用了十九年，宰殺了好幾千頭牛，刀刃還是像剛磨出來的新刀一樣。骨節是有縫隙的，而刀的鋒刃卻沒有厚度。用沒有厚度的鋒刃進入有縫隙的骨節，對於運刀來說綽綽有餘了。」

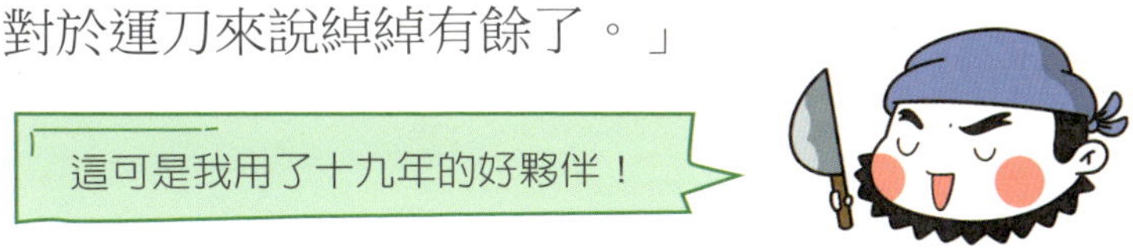
這可是我用了十九年的好夥伴！

「但每當碰到筋骨交錯的地方，還是得非常小心謹慎，眼光停留在難處，動作也遲緩了，刀子微微移動。等解開時，牛肉像一堆泥一樣攤在地上。」文惠君高興地說：「說得好，我也明白了養生的道理。」

好，你講得太
好了，獎勵一
支大雞腿！

文化小辭典

游刃有餘，躊躇滿志

成語「游刃有餘」和「躊躇滿志」都出自庖丁解牛這個故事，游刃有餘原指庖丁在解剖牛的時候，刀刃在骨頭的縫隙中運轉時有迴旋的餘地。後來人們用它比喻人的技術非常熟練，從容應對，解決困難很輕鬆。

躊躇滿志是說庖丁在碰到筋肉骨節交錯的地方，小心謹慎地應對，順利解決困難後那種從容自得、心滿意足的狀態。後用來形容一個人對自己所做的事情非常滿意，或對取得的成就非常得意。

秦失哭老子

【莊子・內篇・養生主】

老聃死，秦失弔之，三號而出。

弟子曰：「非夫子之友邪？」

曰：「然。」「然則弔焉若此可乎？」

曰：「然。始也吾以為其人也，而今非也。」

秦失哭老子

ㄑㄧㄣˊ ㄕ ㄎㄨ ㄌㄠˇ ㄗˇ

老聃①死，秦失②弔之，三號③而出。

老子去世了，秦失前來弔唁，他哭了三聲就出去了。

① 老聃（ㄉㄢ）：即老子，姓李，名耳，字聃，春秋時期楚國人。
② 秦失（ㄧˋ）：人名，虛構的人物。失，也寫作「佚」。
③ 號（ㄏㄠˊ）：號哭。

弟子曰：「非夫子之友邪？」

老子的弟子問：「您難道不是夫子的朋友嗎？」

曰：「然。」

秦失回答說：「是。」

「然則弔焉若此可乎？」

弟子問道：「既然是朋友，弔唁可以這樣嗎？」

曰：「然。始也吾以爲其人也，而今非也。」

秦失說：「可以。以前我以爲你們的先生是俗人，而現在不這樣認爲了。」

解讀

作為朋友，好友去世應當悲傷才對。但秦失卻一反常態，僅僅哭了三聲，見到老子的門人弟子還要批評他們。因為他與老子是知己，懂得老子的思想。人的出生和死亡都是順應自然的事，因此老子的逝去不應該與哀傷或喜悅聯繫在一起。老子雖然身體消失了，但他思想的生命力會一直傳遞下去。

老子的逝去不應該與哀傷或喜悅聯繫在一起。
老子
秦失

老子去世了，他的家人和學生們辦了個隆重的追悼（ㄉㄠˋ）會。一大群人為老子的去世感到難過，都哭得稀里嘩啦的，那感情比他在世的時候還要深厚。

嗚嗚嗚……
嗚嗚，老師，您怎麼捨得丟下我們啊？

老子的好朋友秦失也來了，來見老朋友最後一面。大家以為他會發點感慨或是追思一下好友的往事。沒想到，他進到靈堂裡，只是哭了三聲，立刻轉身走了。

老子！嗚！嗚！嗚！
!!
秦失

老子的學生們看不下去了，畢竟逝者為大，更何況是好朋友。學生們在門口攔住秦失，讓他給個說法。

我的眼淚又不值錢。
您不多哭幾聲？

秦失語重心長地對老子的學生們說：「我哭三聲已經很對得起老朋友了。以前，我以為你們老師是俗人，現在我不這樣認為了。」

我們哪裡做錯了？
你們太讓我失望了。

學生們都很驚訝秦失說出這話來。秦失不客氣地說：「剛才我弔唁的時候，看到老人像在哭自己的孩子，少年像在哭自己的父母。說明他們沒有遵循天道啊！」

哇
先生，我們捨不得您！
先生，您怎麼就離開我們了呀？
嗚嗚嗚……

老子其中的一個學生說：「這不是人之常情嗎？」秦失說：「說明你們這群人啊，跟著你們老師都白學了。你們這是背離正常的感情，忘記了人的壽命本來就是有限的。」

洗耳恭聽！
!!
唉，也不知道是老子沒教好，還是你們沒學好。

「你們老師在適當的時候出生，現在又在適當的時候逝去，這就是順其自然啊。對於一個順應天道的人來說，他的生死就不應該與哀和樂聯繫在一起。」

秦失捋捋鬍鬚，像遠古高深的智者，意味深長地總結道：我們的生命就像一團熊熊燃燒的火焰，而我們的身體就像用來生火的木柴。木柴是有限的，但火的傳播卻沒有窮盡。

文化小辭典

薪火相傳

成語「薪火相傳」出自《莊子・內篇・養生主》的這則寓言故事。

本意是指生命生生不息，後來引申為學問和技藝代代傳承，永不止息。

石木匠和大櫟樹

【莊子・內篇・人間世】

匠石之齊，至於曲轅，見櫟社樹。其大蔽數千牛，絜之百圍；其高臨山，十仞而後有枝；其可以為舟者旁十數。觀者如市，匠伯不顧，遂行不輟。

ㄕˊ ㄇㄨˋ ㄐㄧㄤˋ ㄏㄢˋ ㄉㄚˋ ㄌㄧˋ ㄕㄨˋ
石木匠和大櫟樹

匠石①之齊，至於曲轅②，見櫟社樹③。其大蔽

有個叫石的木匠到齊國去，到了曲轅這個地方，見到一棵爲社神的櫟樹。這棵大樹非常高大，它的樹蔭可以遮蔽

① 匠石：名字叫石的木匠。
② 曲轅：虛擬的地名。
③ 櫟社樹：奉為社神的櫟樹。

數千牛，絜④之百圍⑤；其高臨山，十仞⑥而後

幾千頭牛。量它的樹身，周長達到一百多圍；樹幹聳出山頂，在七、八十尺的地方才分出

④ 絜（ㄒㄧㄝˊ）：量度物體周圍的長度。
⑤ 圍：兩臂合抱。
⑥ 仞（ㄖㄣˋ）：古代七尺或八尺為一仞。

有枝；其可以爲舟者旁⑦十數。觀者如市⑧，

枝椏（ㄧㄚ），其中可以造船的樹枝就有十來枝。觀賞的人多得像趕集一樣，

⑦ 旁：旁枝，分枝。 ⑧ 市：集市。

匠伯不顧，遂行不輟。

然而石木匠不屑一顧，照樣往前走個不停。

解讀

在世俗之人看來無用的東西，在莊子的眼裡卻是有用的，而且還是有大用的。因為在莊子看來，普通人看事物總是站在自己的角度去考慮實用不實用，但他卻站在更高的角度去考慮。這體現了莊子樸素的辯證思維，莊子的哲學讓人們學會換個角度看問題。

從前，有個叫石的木匠帶著徒弟到齊國去工作。他們一路上馬不停蹄，在一個叫作曲轅的地方見到一棵作為社神的櫟樹。這棵樹大到樹蔭能遮住幾千頭牛，量量它的粗細，周長有百圍。

這棵櫟樹非常高大，樹幹聳出山頂七、八十尺高的地方才開始長出分枝，分枝能造船的就有十來枝。很多人都在路邊停下來觀賞它，人多得像集市一樣。可是石木匠連看都不看一眼，就走了。

石木匠
好大的樹啊！
真大呀。

石木匠的徒弟看了很久，一邊看一邊讚嘆，等他師父走了很遠，他才一路跑著追上來。他對石木匠說：「我自從拿起斧頭跟隨師父您以來，還沒見過這麼大的樹，師父你怎麼連看都不看一眼就走了呀？」

師父，您是有飛毛腿嗎？等等我啊！
你別跟上來啊，繼續看熱鬧！

石木匠說：「這樹一看就是堆廢材，用它做成船，船會沉，用它做棺材很快會腐爛，用它做家具很快會損壞，用它做門很快會流出樹脂，用它做梁柱會生蟲子。這是一棵沒用的樹，因為沒用才活得那麼久。」

以後出去別說我是你師父。
這棵樹明明很大很美啊！

他們到齊國辦完事後，石木匠回到家。一天夜裡夢見大櫟樹生氣地對他說：「你這個人怎麼這樣鄙視我啊？居然把我和那些紋路端正的木材相比較，我可是神樹！」

哼，可惡！
對不起，我不是故意的。饒我一命吧。

「你看那些山楂（ㄓㄚ）、梨樹、柑橘、柚子等結果子的樹，果子成熟後人們就來擊打、攀折、採摘，這些樹慘遭蹂躪（ㄖㄡˊ　ㄌㄧㄣˋ），因為有用的果實害了它們，讓它們活不到老，中途就死去了。」

唉，誰讓你們會結好吃的果實呢！
好痛啊，救命啊！

「我追求不被人利用，多少次差點成了刀下亡魂，熬到現在才有幸保全。假如我也有用，怎麼可能長到現在這麼大。你和我都是自然萬物的一種，你憑什麼說我是沒用的木材，我看你才是將要死亡的無用之人。」

你才無用！
怎麼還罵起人來了？

石木匠醒來後把夢告訴了徒弟，徒弟疑惑地問：「它既然追求無用，怎麼還當起了社神？」石木匠捂住他的嘴巴說：「它長在土地廟，就是為了讓人知道它的無用，這樣才不會被砍了當柴燒，這是它保命的好方法呀！」

噓，別說啦，
這樹可記仇了！
為什麼它要當
社神呢……

文化小辭典

無用之用，方爲大用

有時候，我們看似無用的事，當站在另一個角度看，反而有大的用處。

人生得意時，人們可以好好地享受事業帶來榮光和充實。當事業暫時停止、解（ㄐㄧㄝˇ）甲歸田或是退休在家時，就享受一下閒暇時光，做一些看似無用的事情，享受生命的樂趣。

快樂的支離疏

【莊子・內篇・人間世】

支離疏者，頤隱於臍，肩高於頂，會撮指天，五管在上，兩髀為脅。挫鍼治繲，足以餬口；鼓筴播精，足以食十人。

ㄎㄨㄞˋ ㄌㄜˋ ˙ㄉㄜ ㄓ ㄌㄧˊ ㄕㄨ

快樂的支離疏

支離疏[1]者，頤[2]隱於臍，肩高於頂，會撮指天[3]，

支離疏，他的面頰靠近肚臍，雙肩高過頭頂，後腦勺上的髮髻直指天空，

① 支離疏：莊子虛構的一個人名，有忘形去智之喻。
② 頤：面頰，兩腮。
③ 會撮（ㄎㄨㄞˋ ㄗㄨㄟˋ）指天：髮髻（ㄐㄧˋ）朝天。會撮，髮髻。指天，朝天。

五管[4]在上，兩髀爲脅[5]。挫鍼[6]治繲[7]，足以餬口；

五臟的穴位都一齊朝上，兩條大腿和胸旁的肋骨相並列。他靠縫洗衣服養活自己；

④ 五管：五臟的穴位。
⑤ 兩髀（ㄅㄧˋ）為脅（ㄒㄧㄝˊ）：用兩腿當作兩脅。髀，大腿。脅，從腋下至肋骨下部。
⑥ 挫鍼（ㄓㄣ）：即縫衣服。
⑦ 治繲：洗衣服。

鼓筴播精[8]，足以食十人。

如果再去替人家簸米篩糠，能養活十口人。

⑧ 鼓筴（ㄘㄜˋ）播精：顛簸箕篩去米糠。鼓，簸動。播精，揚去灰土與穀糠。

解讀

快樂和幸福一直是人類不懈的追求，而有些人一生下來就有缺陷，快樂和幸福似乎離他們很遠。像支離疏這樣不幸的人，大家看到他都會感覺難過。但他自己卻不這麼想，他有本領養活自己，甚至還綽綽有餘。他積極面對生活，忘記自己身體的殘疾，比普通人更珍惜生命，更懂得生活，所以才會更加快樂。

古時候有個身體殘疾的人，叫支離疏。據說他的臉頰隱藏在肚臍之下，肩膀比頭頂還高。由於他的脊柱彎曲，走路的時候必須低著頭，如此一來，後腦勺上的髮髻就像沖天炮一樣對著天空。

啊，趕快回家，不然外星人要來抓你了。
外星人來了。
支離疏

不僅如此，支離疏身上的肝、心、脾、肺、腎等器官和各種穴位都在脊背之上，兩條大腿因為肌肉萎縮和肋骨靠在一塊。與正常人相比，支離疏長得實在是太奇怪了，但他天生這樣，所以大家對他既害怕又同情。

啊！
你怎麼了？

雖然支離疏身體殘疾，有時候還會被人嘲笑，但他一點也不在意別人的看法。他靠給別人縫洗衣服賺錢養活自己，一點也不擔心會餓死，吃飽喝足，天天過得很瀟灑。

除了縫洗衣服這項本職工作，有的時候支離疏還做點兼職——去市場清理穀物。這個工作也能給他帶來不錯的收入，他不僅能養活自己，甚至養活十口人都沒有問題。

大家對支離疏很友好，看他長得這樣奇怪會生出同情心。有時候支離疏遇到困難了大家會主動去幫助他，有時候大家遭遇傷心難過的事，看到支離疏快樂地忙來忙去，一點也不為自己傷心，也就不難過了。

支離疏，我
幫你洗衣服。
支離疏，我
幫你挑水。

國家遭到敵人入侵，官府在招募士兵，所有的青、壯年人都要上戰場打仗，但支離疏因為身體殘疾，肩不能扛、手不能提，所以官員看都不看他一眼。

我也可以上戰場，幫戰士們洗衣煮飯。
下一位，別擋道！

君王愛民如子，憐憫孤寡老人、殘疾病重的人，支離疏就成了被重點關懷的對象，官府就會多給他一些糧食和柴草。

其實我一點
也不可憐。
看你這個樣子
怪可憐的，多
給你一點吧。

支離疏就這樣快快樂樂地生活著，一點也不憂愁，反而別人發愁的時候支離疏還去安慰他們。有的時候，他甚至都忘記自己是個殘疾人，獲得了比別人更多的幸福。

看看這些人忙
忙碌碌，還是
我過得幸福！

文化小辭典

失之東隅，收之桑榆

成語「失之東隅，收之桑榆」，東隅，東方日出處，指早晨；桑榆，西方日落處，指傍晚。比喻這個時候失敗了，另一個時候得到了補償。近義詞是「塞翁失馬，焉知非福」。

聖人王駘

【莊子・內篇・德充符】

魯有兀者王駘，從之遊者與仲尼相若。常季問於仲尼曰：「王駘，兀者也，從之遊者與夫子中分魯。立不教，坐不議，虛而往，實而歸。固有不言之教，無形而心成者邪？是何人也？」

ㄕㄥˋ ㄖㄣˊ ㄨㄤˊ ㄊㄞˊ
聖人王駘

魯有兀者①王駘②，從之遊者與仲尼③相若④。常季⑤問於

魯國有個被砍掉一隻腳的人叫王駘，跟隨他學習的人有很多，跟孔子差不多。常季就問

① 兀（ㄨˋ）者：砍掉一隻腳的人。
② 王駘：人名，虛擬人物。
③ 仲尼：即孔子，字仲尼。
④ 相若：相等。
⑤ 常季：虛擬人物。

仲尼曰：「王駘，兀者也，從之遊者與夫子中分魯。

孔子：「王駘是個被砍掉一隻腳的人，跟隨他學習的人與先生的弟子在魯國各占一半。

立不教，坐不議，虛而往，實而歸。固有不言之教，

他站著不施行教學，坐下也不議論問題，跟隨他學習的人空空而來，滿載著學問回去。

無形而心成⑥者邪？是何人也？」

難道眞的有不用言語的教導，用無形感化就達到潛移默化嗎？這是一個什麼樣的人啊？」

⑥ 無形而心成：無形之中心有所獲，形容潛移默化的作用。

解讀

教育有的時候不需要語言，而需要身教。要靠施教者用行動來影響被教育者，因為人總是喜歡模仿，總是喜歡向比自己更有智慧的人看齊。因此，對被教育者進行潛移默化的影響，有的時候比灌輸給他們知識更加有用。

魯國有個人叫王駘，他不知道因為什麼原因被砍去了一隻腳。當時的人把斷了一隻腳的人稱為「兀」，所以人們就叫他「兀者王駘」。

這個王駘很有學問，很多人跟隨他學習。據說王駘收的學生不比孔子少。

一個叫常季的魯國賢人，聽說有很多人跟隨王駘學習，甚至要超過孔子。他很不理解，於是就跑過來問孔子。

常季說：「王駘這個人被砍去一隻腳，但跟隨他學習的學生人數和您的差不多。他和學生面對面站著卻不說話，面對面坐著卻不發表意見。向他請教的學生去的時候腦子裡空蕩蕩的，回來的時候就裝滿了知識。」

「王駘什麼話也不說，他的學生就受到教育了；他什麼也不用做，學生的內心就得到了充實和昇華。世界上還真有這樣簡單的事情嗎？王駘到底是個什麼神人啊？」

孔子笑著說：「王駘是一位聖人啊！我的知識和品行都遠遠落後於他，連我都要拜他為師，更何況其他人。我覺得不光是魯國人，甚至是全天下的人都要跟隨他學習啊！」

常季又問：「王駘被砍去了一隻腳，但您說他的知識和品行都超過了您，比一般人更是高了不知道多少倍，那他是如何運用他的心智來影響其他人的呢？」

聖人

孔子回答說：「人的出生和死亡是不可改變的兩件大事，但王駘面對生死一點也不受影響，即使天崩地裂他都面不改色。他掌握著事物千變萬化的規律，使自己居於掌控的位置。」

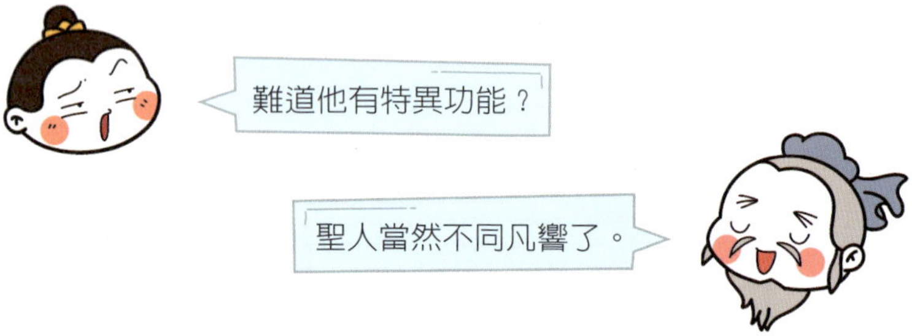
難道他有特異功能？
聖人當然不同凡響了。

常季一時間摸不著頭腦，孔子解釋說：「從事物的差異性來看，生長在同一身體裡的肝和膽，就像是楚國和越國。但是從統一性的角度來看，萬物都是一回事。能做到這一點，就超凡脫俗，隨心所欲了。」

沒看到我只有一隻腳嗎？

孔子說：「像王駘這樣的人，一點也不在意哪些聲音適合聽，哪些顏色適合看。他一心一意專注的是自己的內心是否能夠自由翱翔。」

我的心自由翱翔在天空！

「在王駘眼中，萬事萬物都是相同的，所以對自己斷足一點也不在意。他覺得失去了一隻腳，就像丟棄一塊泥巴一樣，沒什麼可惜的。」

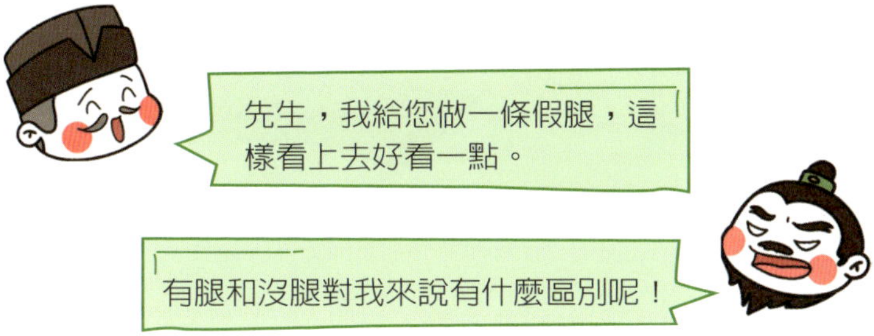
先生，我給您做一條假腿，這樣看上去好看一點。
有腿和沒腿對我來說有什麼區別呢！

「王駘已經達到了與萬物相融為一的境界，所以大家都願意跟隨他學習。他一點也不把教導學生當一回事，反而打算選個好日子遠離塵世。是人們要追隨他，所以他既不說話，也不以身示範。」

雞腿真好吃啊！
至理名言！記下來！

文化小辭典

不言之教，有教無類

老子和莊子的教育思想是「理想派」，即「不言之教」。《道德經》說：「天下之至柔，馳騁天下之至堅。無有入無間，吾是以知無為之有益。不言之教，無為之益，天下希及之。」

不言之教就是不透過言語的教化，而是透過其他方式，比如老師獨特的人格、做事的方式方法等潛移默化影響學生的一種教育。

孔子的教育思想是「人生派」或「行動派」，他提倡「有教無類」、「舉一反三」，只要是好學之人，孔子都願意教他們，而且他喜歡教導會反思的學生。

申徒嘉與子產

【莊子・內篇・德充符】

申徒嘉，兀者也，而與鄭子產同師於伯昏無人。子產謂申徒嘉曰：「我先出則子止，子先出則我止。」

ㄕㄣ ㄊㄨˊ ㄐㄧㄚ ㄩˇ ㄗˇ ㄔㄢˇ

申徒嘉與子產

申徒嘉①，兀者也，而與鄭子產②同師於伯昏無人③。

申徒嘉是一個被砍去一隻腳的人，他與鄭國的賢相子產是同學，共同在伯昏無人門下求學。

① 申徒嘉：人名，複姓申徒，名嘉，春秋時期鄭國的賢人。虛擬人物。

② 子產：姓公孫，名僑，字子產，春秋時期鄭國有名的賢能宰相。

③ 伯昏無人：虛擬人物。

子產謂申徒嘉曰：「我先出則子止，子先出則我止。」

子產對申徒嘉說：「我若先出去，你就留下；你若先出去，我就留下。」

解讀

申徒嘉和子產是同學，但是子產卻瞧不起申徒嘉身分低微，身體殘疾。他不僅看不起人家，還不願意跟他同在一個屋簷下學習，竟然提出過分的要求，讓申徒嘉在他出現的時候回避。子產的行為很不道德，因為人和人之間是平等的，不能因為自己的財富和地位高就看不起別人。人們應該相互尊重，這樣才能創造出和諧的社會環境。

從前，有個人叫申徒嘉，他是個被砍去一隻腳的人。他與鄭國宰相子產是同學，共同拜伯昏無人為師，學習大道。

子產表面上看起來和申徒嘉相處和諧，但在一起上課時，他總感覺渾身不自在。有一天，子產私下跟申徒嘉商量說：「如果我先出去了，你就留下來上課；如果你先出去了，我就留下來上課。」

子產之所以這麼傲慢，是因為他覺得自己堂堂一個鄭國的宰相，位高權重，儀態舉止優雅，享受著榮華富貴，出門在外左擁右護。而申徒嘉只不過是個地位低微的殘疾人，哪裡配得上和自己在一起上課。所以子產一刻都不想和申徒嘉待在一起。

第二天，子產興高采烈地來上課，結果看到申徒嘉早早就到了教室。子產很不高興地說：「我昨天不是說了嗎？我出去你就留下，我留下你就出去。」然後還諷刺他說：「你見到宰相都不避讓，怎麼這麼不懂禮數？」

申徒嘉瞪大眼睛，吃驚地說：「我以為老師收的學生都是品行端正的人，居然還有像你這樣見識短淺、胸襟狹隘的人。你以為自己是宰相就了不起了？」

「我聽說，鏡子上落了灰塵就不明亮了，長期和賢人相處會減少過錯。你來跟老師學習大道，竟然說出這樣的話，不是白學了嗎？」

子產一點也不覺得自己做錯，他又挖苦申徒嘉說：「你已經是個被砍去一隻腳的殘疾人了，還想著跟堯這樣的賢人比呢。你還是掂量掂量（ㄉㄧㄢ　ㄌㄧㄤˊ）你的德行吧，都被砍斷腳了還不好好反省嗎？」

誰犯錯，
誰被砍腳。
我看你才應該
被砍腳。

申徒嘉心平氣和地說：「自己犯了法卻為自己喊冤，認為自己不應當受到懲罰，這樣的人很多；自己犯了法卻毫不掩飾，願意接受懲罰，這樣的人卻很少。如果一個人平靜地接受命運的安排，那他一定是個品德高尚的人。」

嗚嗚，我是
被冤枉的！
悔
好好反省吧。
四

「以前有很多人嘲笑我只有一隻腳，我聽到後氣得火冒三丈。但自從跟著老師學習之後，我學會了慢慢平息內心的怒火。」

愛徒啊，別生氣了，為師教你降降火。
都在說我的壞話，氣死我了！
你看他那樣子！

「我跟隨老師學習了十九年，從來沒覺得自己是個殘疾人。現在我們一起跟隨老師學習大道，你卻因為我的外貌而瞧不起我，這不是很荒謬嗎？」

沒想到你這麼沒文化，只看臉！
我……我沒有！
外貌協會
才不是！

聽到這裡，子產的臉越來越紅，直冒冷汗，感到羞恥不已。他心虛地捂著耳朵，向申徒嘉揮手想打斷他，不停地說：「你不要再說了，不要再說了。」

文化小辭典

以貌取人

孔子有兩個弟子，一個叫子羽，一個叫宰予。子羽長得像醜八怪，孔子對他的第一印象不好，覺得他沒有才華，對他態度很冷淡，子羽後來只能自學成才。而宰予長得很英俊，口才又好，孔子很欣賞他，但沒想到宰予比較懶惰，經常白天睡懶覺，讓孔子很失望。最後，孔子從子羽身上明白了以貌取人是不對的。

國家圖書館出版品預行編目(CIP)資料

同學！讀《莊子》【跟著流行瘋的邯鄲學步】／
繪時光編繪. -- 初版. -- 臺北市：五南圖書
出版股份有限公司, 2025.09
面； 公分
ISBN 978-626-423-676-8(平裝)

1.CST：莊子 2.CST：通俗作品

121.33 114010329

YX6G

同學！讀《莊子》【跟著流行瘋的邯鄲學步】

編 繪 者－繪時光
編輯主編－黃文瓊
責任編輯－吳雨潔
文字校對－盧文心
封面設計－姚孝慈
內文編排－賴玉欣
出 版 者－五南圖書出版股份有限公司
發 行 人－楊榮川
總 經 理－楊士清
總 編 輯－楊秀麗
地 址：106臺北市大安區和平東路二段339號4樓
電 話：(02)2705-5066 傳 真：(02)2706-6100
網 址：https://www.wunan.com.tw
電子郵件：wunan@wunan.com.tw
劃撥帳號：01068953
戶 名：五南圖書出版股份有限公司

法律顧問 林勝安律師

出版日期 2025年9月初版一刷
定 價 新臺幣350元

五南
WU-NAN
全新官方臉書
五南讀書趣
WUNAN
Books
since1966
Facebook 按讚
1 秒變文青
五南讀書趣 Wunan Books
★ 專業實用有趣
★ 搶先書籍開箱
★ 獨家優惠好康
不定期舉辦抽獎
贈書活動喔！！！